CARTILHA DE ALFABETIZAÇÃO

CAMINHO DO SABER

APRENDENDO TABUADA

ADSON VASCONCELOS

EXPEDIENTE

Presidente e editor **Italo Amadio** *(in memoriam)*
Diretora editorial **Katia F. Amadio**
Editor **Eduardo Starke**
Revisão **Valquíria Matiolli**
Projeto gráfico **Konsept Design & Projetos**
Ilustrações **Vanessa Alexandre**

```
Dados Internacionais de Catalogação na Publicação (CIP)
             Angélica Ilacqua CRB-8/7057

Vasconcelos, Adson
    Aprendendo tabuada / Adson Vasconcelos ; ilustrações
de Vanessa Alexandre. -- São Paulo : Rideel, 2019.
    64 p. : il., color (Caminho do saber : Cartilha de
matemática)


ISBN 978-85-339-5597-4

1. Tabuada 2. Cartilhas 2. Numerais 3. Educação infantil
I. Título II. Alexandre, Vanessa

19-1819                                          CDD 372.72
```

Índices para catálogo sistemático:

1. Tabuada : Educação infantil

© Direitos de publicação reservados à

Av. Casa Verde, 455 – Casa Verde
CEP 02519-000 – São Paulo – SP
e-mail: sac@rideel.com.br
www.editorarideel.com.br

Proibida a reprodução total ou parcial desta obra, por qualquer meio ou processo, especialmente gráfico, fotográfico, fonográfico, videográfico, internet. Essas proibições aplicam-se também às características de editoração da obra. A violação dos direitos autorais é punível como crime (art. 184 e parágrafos, do Código Penal), com pena de prisão e multa, conjuntamente com busca e apreensão e indenizações diversas (artigos 102, 103, parágrafo único, 104, 105, 106 e 107, incisos I, II e III, da Lei n. 9.610, de 19/02/1998, Lei dos Direitos Autorais).

APRENDENDO TABUADA

ADSON VASCONCELOS

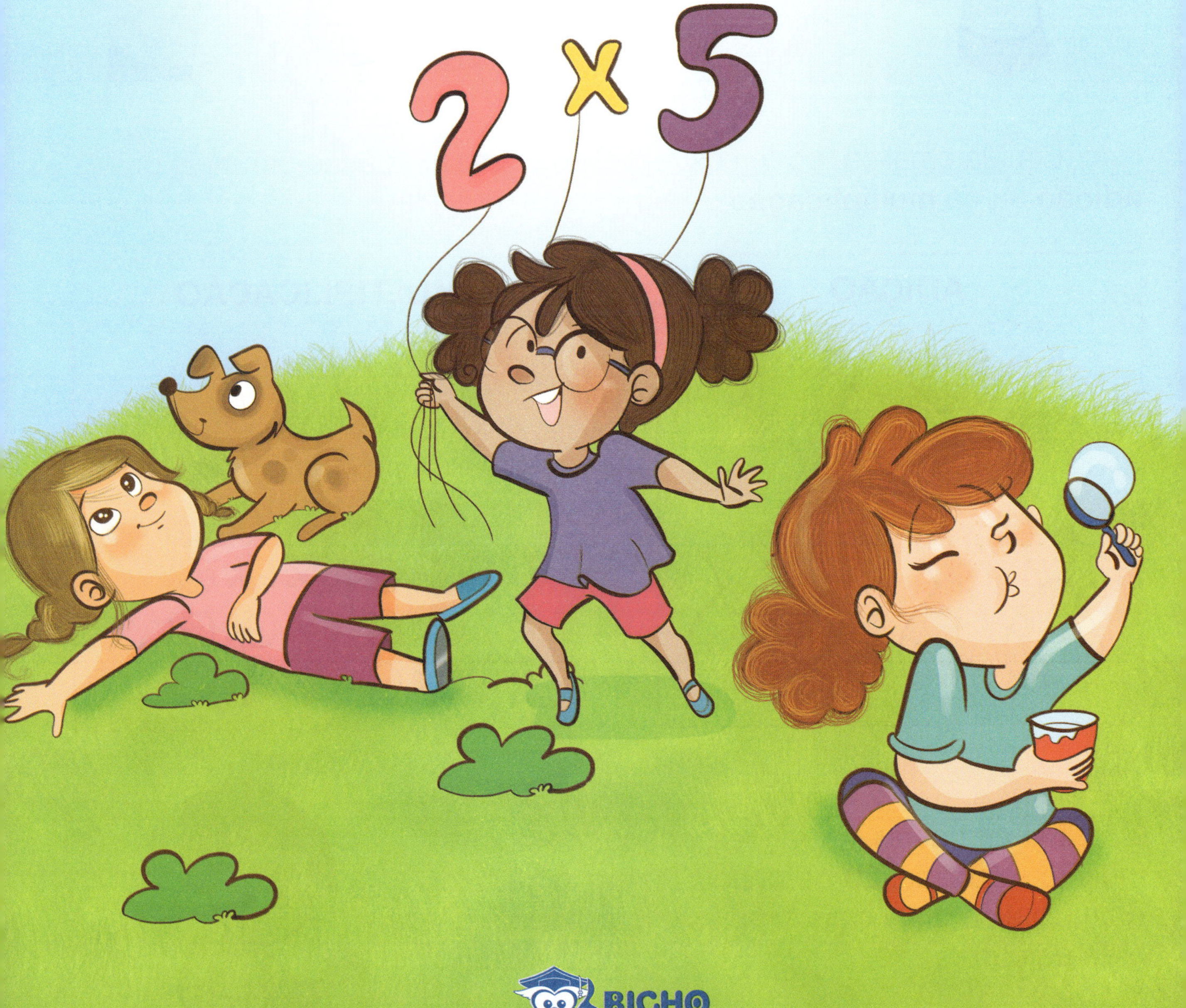

A IDEIA DE MULTIPLICAR

Leia a seguir uma situação em que fazemos uso da Matemática para realizar um cálculo.

Eduardo comprou alguns peixinhos para colocar em um aquário. Os peixinhos foram distribuídos em 4 saquinhos plásticos, contendo 5 peixes em cada um. No total, quantos peixes Eduardo comprou?

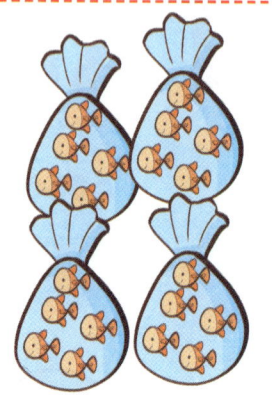

Em Matemática, podemos representar essa situação por meio da **adição** ou da **multiplicação**.

ADIÇÃO

$$5 + 5 + 5 + 5 = 20$$

PARCELA   SOMA OU TOTAL

MULTIPLICAÇÃO

$$5 \times 4 = 20$$

FATOR   PRODUTO OU RESULTADO

Em ambas as operações, chegamos ao mesmo resultado: **20** peixinhos. Porém, o cálculo da multiplicação é mais simples e mais rápido que o da adição.

Quando precisamos somar várias vezes um mesmo número, para facilitar, podemos usar a **multiplicação**.

Para determinar a quantidade de canecas acima, em vez da adição 3 + 3 + 3 + 3 = 12, simplificamos os cálculos com a multiplicação 3 × 4 = 12 ou 4 × 3 = 12.

A ordem dos fatores não altera o resultado de uma multiplicação. Desse modo, tanto a multiplicação 4 × 3 quanto 3 × 4 têm o mesmo resultado: 12.

O sinal × é chamado de vezes e indica uma **multiplicação**.

As **tabuadas** são multiplicações básicas organizadas do número **1** ao **10** que muito nos ajudam na resolução de situações matemáticas.

Nas páginas a seguir, você irá aprender mais a respeito de cada uma delas. Vamos começar?

| 1x | 2x | 3x | 4x | 5x | 6x | 7x | 8x | 9x | 10x |

TABUADA DO 1

1. Observe a tabuada do **1**.

1 × 1 = 1
1 × 2 = 2
1 × 3 = 3
1 × 4 = 4
1 × 5 = 5
1 × 6 = 6
1 × 7 = 7
1 × 8 = 8
1 × 9 = 9
1 × 10 = 10

DESAFIO

2. Sabendo que na brincadeira ao lado só é permitida **uma** bola em cada caixinha, calcule o máximo de pontos possível de se obter.

 × =

3. Realize a multiplicação proposta em cada linha e complete a tabuada do **1**.

A quantidade de dedos representa o resultado de cada operação.

A tabuada do **1** é simples de calcular, pois todo número multiplicado por **1** resulta nele mesmo.

4. Pinte as pétalas da flor nas cores indicadas, conforme o resultado de cada sentença.

1 × 1 = 🔴
1 × 2 = 🟡
1 × 3 = 🟢
1 × 4 = 🔵
1 × 5 = 🌸
1 × 6 = 🔵
1 × 7 = 🟠
1 × 8 = 🟣
1 × 9 = 🟢
1 × 10 = ⚪

5. Escreva o resultado destas multiplicações.

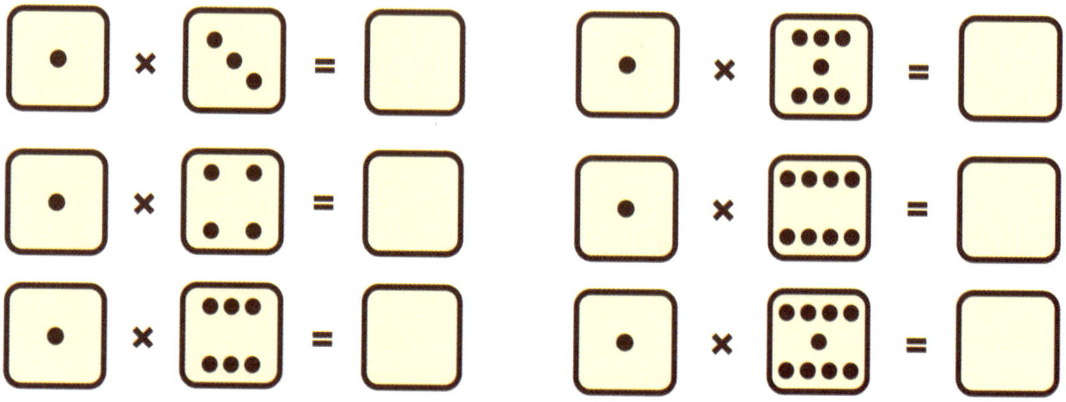

 ×  = ☐    ×  =

 = ☐    ×  =

6. Se esta família consome 1 litro de leite por dia, quantos litros são consumidos em uma semana?

7. Se cada macaco deste zoológico receber uma banana, quantas bananas serão dadas no total?

8. Ao aniversariar, Alex ganhou um presente de cada tio. Observe a cena e circule na tabuada a multiplicação que representa a quantidade de tios do Alex.

1 × 1 = 1		1 × 6 = 6
1 × 2 = 2		1 × 7 = 7
1 × 3 = 3		1 × 8 = 8
1 × 4 = 4		1 × 9 = 9
1 × 5 = 5		1 × 10 = 10

TABUADA DO 2

1. Observe a tabuada do **2**.

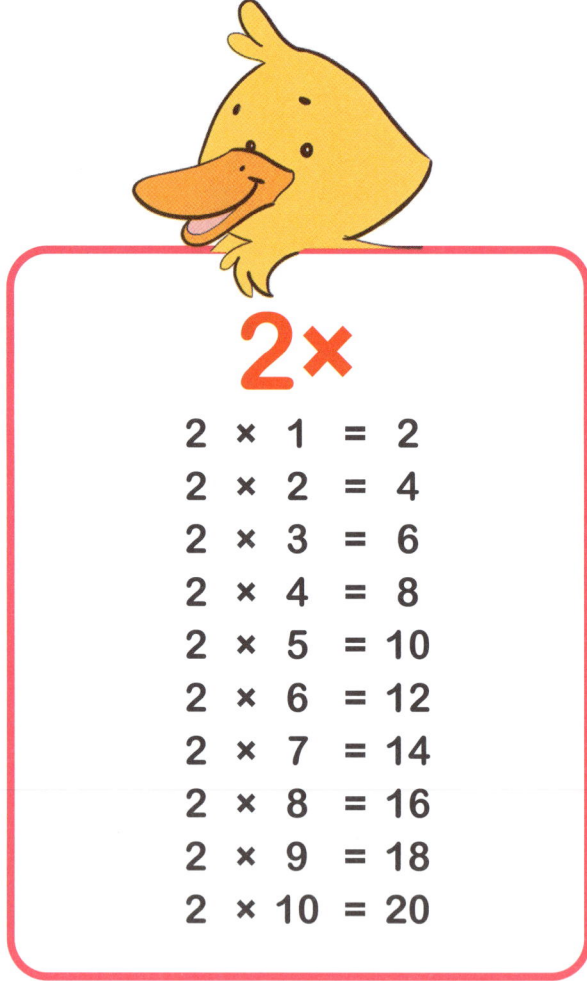

2×

2 × 1 = 2
2 × 2 = 4
2 × 3 = 6
2 × 4 = 8
2 × 5 = 10
2 × 6 = 12
2 × 7 = 14
2 × 8 = 16
2 × 9 = 18
2 × 10 = 20

DESAFIO

2. Se cada uma destas aves tem **duas** patas, quantas patas há no total? Calcule usando a tabuada do **2**.

2 × ☐ = ☐

3. Realize a multiplicação proposta em cada linha.

2 × 1 =

2 × 2 =

2 × 3 =

2 × 4 =

2 × 5 =

2 × 6 =

2 × 7 =

2 × 8 =

2 × 9 =

2 × 10 =

Na tabuada do 2, o resultado é sempre o dobro do número multiplicado.

4. Faça como no exemplo e calcule o número de bombons em cada prateleira.

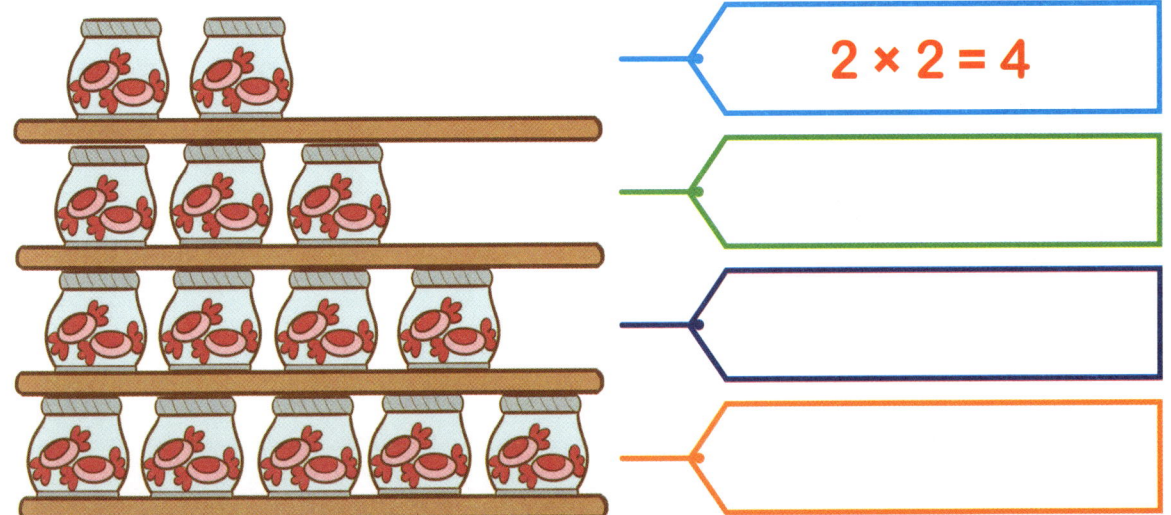

2 × 2 = 4

5. Sabendo que para prender cada bermuda no varal são usados **2** pregadores, preencha a tabela com o número de pregadores necessários às demais quantidades de bermudas.

Bermudas	1	2	3	4	5	6	7	8	9	10
Pregadores	2	4								

6. Nesta sala de aula, cada carteira é compartilhada por **2** alunos. Circule na tabuada a multiplicação que representa o total de alunos presentes na sala.

2 × 1 = 2   2 × 6 = 12
2 × 2 = 4   2 × 7 = 14
2 × 3 = 6   2 × 8 = 16
2 × 4 = 8   2 × 9 = 18
2 × 5 = 10   2 × 10 = 20

7. Leve a rã à lagoa, desenhando os próximos saltos, sempre de **dois** em **dois** números.

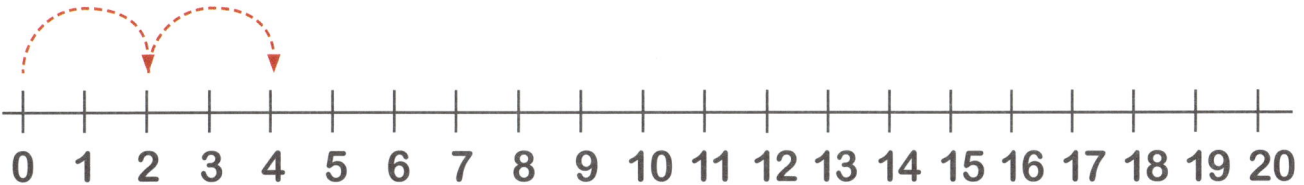

8. Ligue os pares correspondentes.

Ⓐ Quantos pares foram formados? ☐

Ⓑ Usando a tabuada do **2**, anote o número de pares formados e calcule o total de meias.

2 × ☐ = ☐

TABUADA DO 3

1. Observe a tabuada do **3**.

3×

3 × 1 = 3
3 × 2 = 6
3 × 3 = 9
3 × 4 = 12
3 × 5 = 15
3 × 6 = 18
3 × 7 = 21
3 × 8 = 24
3 × 9 = 27
3 × 10 = 30

DESAFIO

2. Os **três** porquinhos foram colher maçã na floresta. Sabendo que cada porquinho colheu **9** maçãs, quantas maçãs eles colheram ao todo?

3 × 9 = ☐

3. Realize a multiplicação proposta em cada linha.

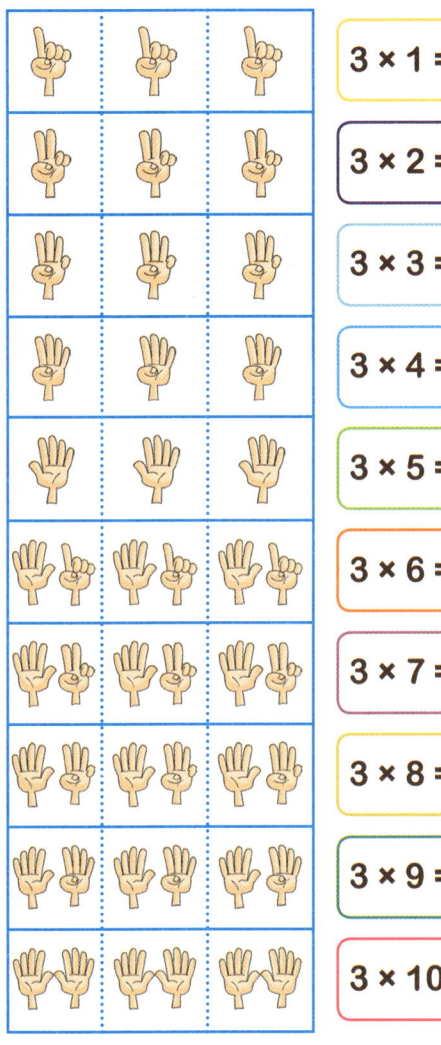

3 × 1 =

3 × 2 =

3 × 3 =

3 × 4 =

3 × 5 =

3 × 6 =

3 × 7 =

3 × 8 =

3 × 9 =

3 × 10 =

Na tabuada do 3, o resultado é sempre o triplo do número multiplicado.

4. Anote a sentença da tabuada do **3** que está representada na figura abaixo.

☐ × ☐ = ☐

5. Ligue a chave correspondente a cada cadeado, resolvendo as multiplicações propostas.

6. Faça como no exemplo.

7. Ana Flávia come **3** maçãs por dia. No total, quantas maçãs ela consome no período de uma semana?

8. Complete a pirâmide com números de **3** em **3** e forme o conjunto de resultados da tabuada do **3**.

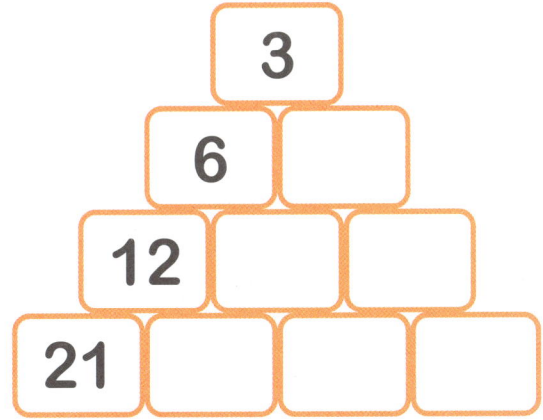

9. Pinte a pétala que contém a multiplicação correspondente a cada número dado.

TABUADA DO 4

1. Observe a tabuada do **4**.

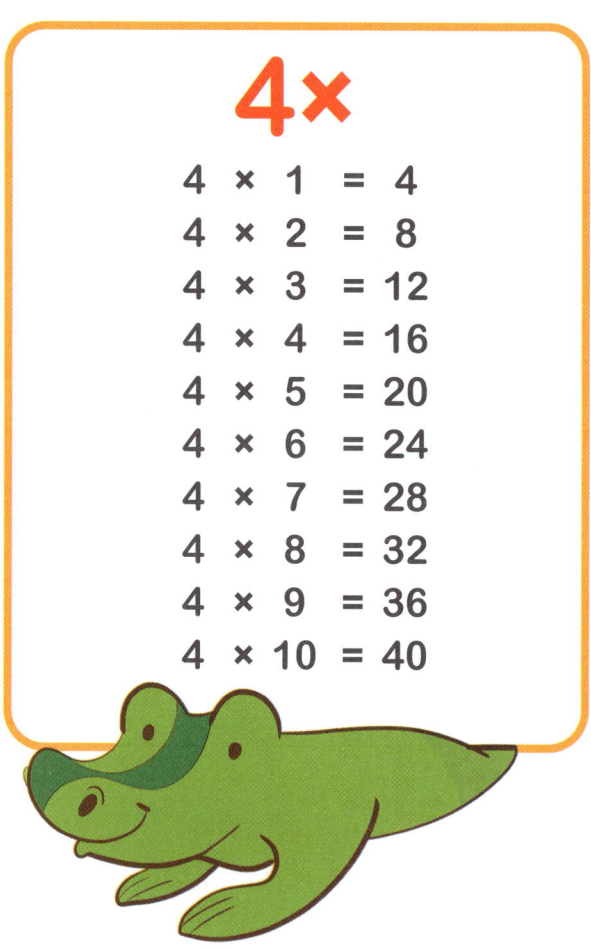

4×

4 × 1 = 4
4 × 2 = 8
4 × 3 = 12
4 × 4 = 16
4 × 5 = 20
4 × 6 = 24
4 × 7 = 28
4 × 8 = 32
4 × 9 = 36
4 × 10 = 40

DESAFIO

2. Ontem, em uma oficina mecânica, foram trocados os **4** pneus de rodagem de **8** automóveis. Calcule quantos pneus foram trocados no total. Use a tabuada do **4**.

3. Realize a multiplicação proposta em cada linha.

4 × 1 =
4 × 2 =
4 × 3 =
4 × 4 =
4 × 5 =
4 × 6 =
4 × 7 =
4 × 8 =
4 × 9 =
4 × 10 =

Na tabuada do 4, o resultado é sempre o quádruplo do número multiplicado.

4. Ligue cada carta à caixa de correio correspondente.

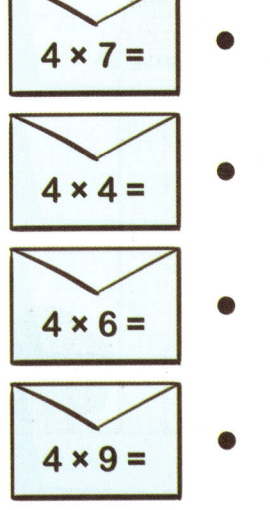

4 × 7 =
4 × 4 =
4 × 6 =
4 × 9 =

24
36
28
16

5. Observe esta cena e responda ao que se pede.

A Quantas crianças há na cena? _____

B Quantos balões cada criança tem? _____

C Qual sentença da tabuada do **4** representa a quantidade total de balões que aparece na cena?

☐ × ☐ = ☐

6. Um edifício tem **4** andares. Em cada andar, há **4** apartamentos. Qual o número total de apartamentos desse edifício?

☐ × ☐ = ☐

7. Observe a cartela de pilhas ao lado e complete a tabela, anotando a quantidade de pilhas correspondente ao número de cartelas.

Quantidade de cartelas	1	2	3	4	5	6	7	8	9	10
Quantidade de pilhas	4	8								

8. Faça como no exemplo: em cada linha vertical, anote a sentença da tabuada do **4** e o seu resultado.

1 × 4 =

4

TABUADA DO 5

1. Observe a tabuada do 5.

5×

5 × 1 = 5
5 × 2 = 10
5 × 3 = 15
5 × 4 = 20
5 × 5 = 25
5 × 6 = 30
5 × 7 = 35
5 × 8 = 40
5 × 9 = 45
5 × 10 = 50

DESAFIO

2. Em uma lanchonete do centro da cidade, há **5** mesas com **4** cadeiras em cada uma delas. Qual a capacidade máxima de pessoas sentadas nessa lanchonete?

☐ × ☐ = ☐

3. Realize a multiplicação proposta em cada linha.

☝ ☝ ☝ ☝ ☝					5 × 1 =
✌ ✌ ✌ ✌ ✌					5 × 2 =
🖐3 🖐3 🖐3 🖐3 🖐3					5 × 3 =
🖐4 🖐4 🖐4 🖐4 🖐4					5 × 4 =
🖐 🖐 🖐 🖐 🖐					5 × 5 =
🖐🖐 🖐🖐 🖐🖐 🖐🖐 🖐🖐					5 × 6 =
					5 × 7 =
					5 × 8 =
					5 × 9 =
					5 × 10 =

Na tabuada do 5, o resultado é sempre o quíntuplo do número multiplicado.

4. Para ir ao trabalho, Joana faz quatro viagens de ônibus: duas na ida e duas na volta. Sabendo que ela trabalha de segunda a sexta, no total, quantas viagens ela faz em uma semana?

5. Sabendo que em um pacote há **5** balas, calcule quantas balas há em cada quantidade de pacote indicada abaixo. Use a tabuada do **5** para calcular.

Quantidade de pacotes	1	2	3	4	5	6	7	8	9	10
Quantidade de balas	5									

6. Observe as árvores e complete a legenda com números da tabuada do **5**.

Neste pomar há _____ árvores, cada uma com _____ maçãs. Portanto, _____ é o número total de maçãs, pois _____ x _____ = _____ maçãs.

7. Ligue cada peixe ao aquário correspondente.

No relógio de ponteiros, para ler os minutos, usamos a tabuada do **5**, multiplicando por **5** o número para o qual aponta o ponteiro maior.

O número **12** representa tanto o minuto final (60 minutos) da hora que se encerra quanto o inicial da hora que está começando (zero minuto).

8. Complete cada sentença matemática, usando a tabuada do **5**.

5 × 12 = _____ min
5 × 11 = _____ min
5 × 1 = __5__ min
5 × 10 = _____ min
5 × 2 = _____ min 
5 × 9 = _____ min
5 × 3 = _____ min
5 × 8 = _____ min
5 × 4 = _____ min
5 × 7 = _____ min
5 × 5 = _____ min
5 × 6 = _____ min

9. Indique os minutos que cada relógio está marcando.

9h _____   2h _____   11h _____   3h _____

TABUADA DO 6

1. Observe a tabuada do **6**.

6×

6 × 1 = 6
6 × 2 = 12
6 × 3 = 18
6 × 4 = 24
6 × 5 = 30
6 × 6 = 36
6 × 7 = 42
6 × 8 = 48
6 × 9 = 54
6 × 10 = 60

DESAFIO

2. Se cada formiga tem **6** patas, quantas patas há no total na cena a seguir?

☐ × ☐ = ☐

3. Realize a multiplicação proposta em cada linha.

6 × 1 =

6 × 2 =

6 × 3 =

6 × 4 =

6 × 5 =

6 × 6 =

6 × 7 =

6 × 8 =

6 × 9 =

6 × 10 =

Na tabuada do 6, o resultado é sempre o sêxtuplo do número multiplicado.

4. Circule na roleta o resultado de cada multiplicação.

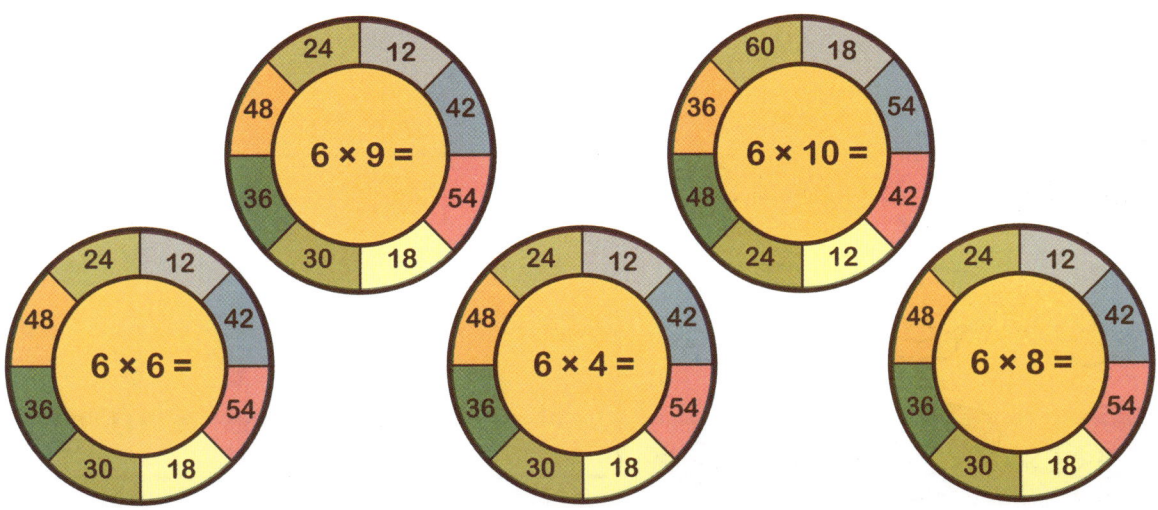

6 × 9 =

6 × 10 =

6 × 6 =

6 × 4 =

6 × 8 =

5. Para presentear os familiares, Dona Joana preparou **6** cestas com **5** ovos de Páscoa em cada uma. No total, quantos ovos foram usados no preparo das cestas?

6. Ligue o bule à xícara correspondente.

7. Circule na tabuada do **6** a sentença que corresponde à ilustração a seguir.

8. O cozinheiro de uma padaria usa **6** ovos para fazer bolo. Sabendo que ele faz um bolo por dia, quantos ovos ele usa a cada semana?

9. Pinte apenas os resultados da tabuada do **6**, nas cores indicadas na legenda.

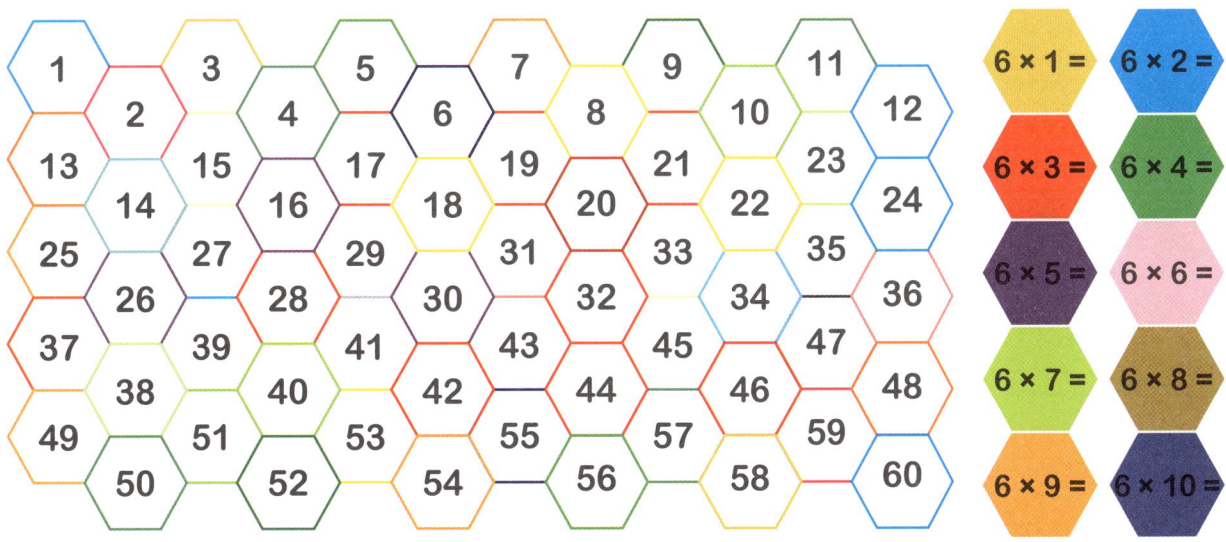

10. João tem **6** anos e a mãe dele tem **6** vezes mais a idade dele? Qual é a idade da mãe do João? Use a tabuada do **6**.

TABUADA DO 7

1. Observe a tabuada do 7.

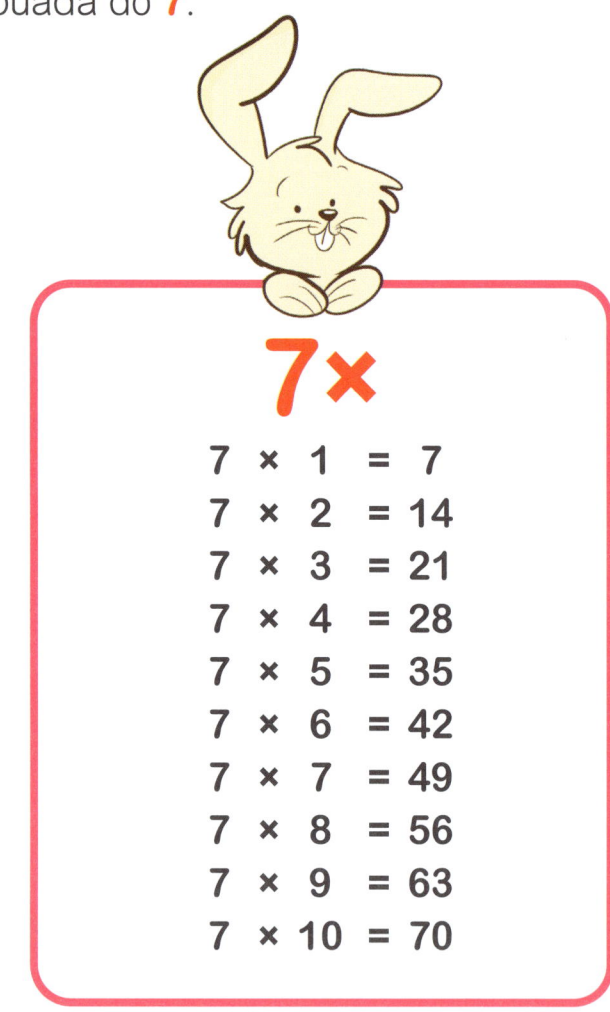

7×

7 × 1 = 7
7 × 2 = 14
7 × 3 = 21
7 × 4 = 28
7 × 5 = 35
7 × 6 = 42
7 × 7 = 49
7 × 8 = 56
7 × 9 = 63
7 × 10 = 70

DESAFIO

2. Branca de Neve vai preparar panqueca para os **sete** anões. Sabendo que cada anão come **duas** panquecas, quantas panquecas ela precisará fazer?

☐ × ☐ = ☐

3. Realize a multiplicação proposta em cada linha.

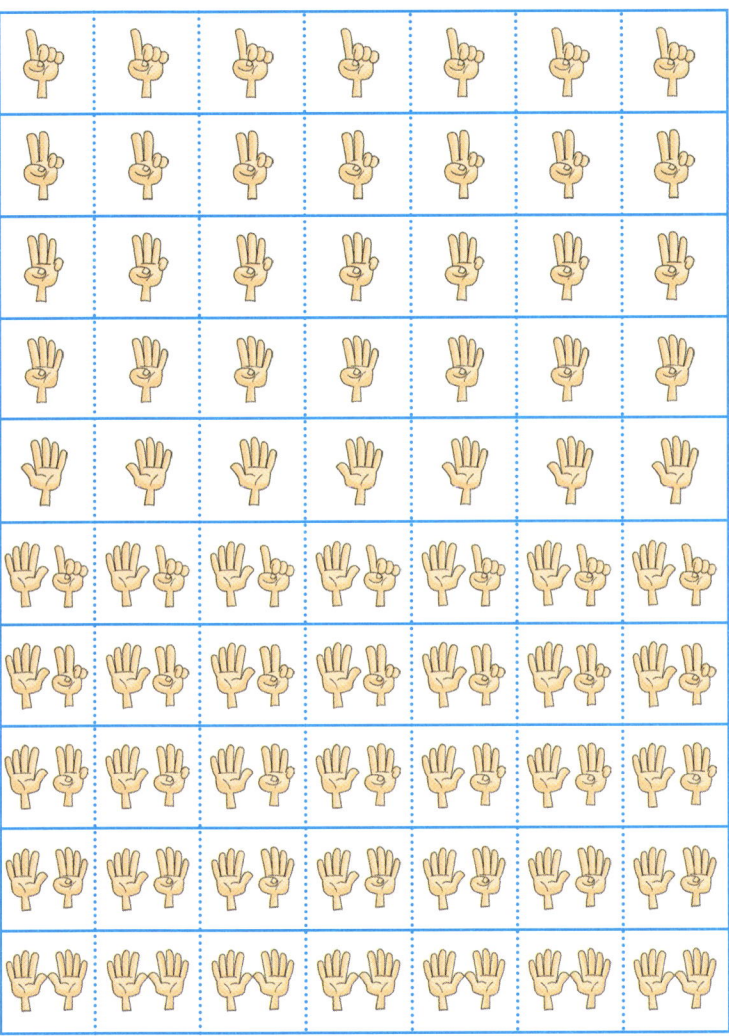

7 × 1 =

7 × 2 =

7 × 3 =

7 × 4 =

7 × 5 =

7 × 6 =

7 × 7 =

7 × 8 =

7 × 9 =

7 × 10 =

Cada resultado é 7 vezes o número multiplicado.

4. Complete com os resultados da tabuada do **7** que você apresentou no exercício anterior.

35

63

7

5. Sabendo que uma semana tem **7** dias, realize os cálculos a seguir.

Semana	Total de dias	Multiplicação
1 semana	_____7_____ dias	__7__ × __1__ = __7__
2 semanas	_____ dias	_____ × _____ = _____
3 semanas	_____ dias	_____ × _____ = _____
4 semanas	_____ dias	_____ × _____ = _____
5 semanas	_____ dias	_____ × _____ = _____
6 semanas	_____ dias	_____ × _____ = _____
7 semanas	_____ dias	_____ × _____ = _____
8 semanas	_____ dias	_____ × _____ = _____
9 semanas	_____ dias	_____ × _____ = _____
10 semanas	_____ dias	_____ × _____ = _____

6. Circule o cadeado correspondente a cada chave.

32

7. Complete cada multiplicação com o número que falta.

8. Se cada participante deste jogo recebeu **7** cartas, quantas cartas foram distribuídas ao todo?

☐ × ☐ = ☐

9. Calcule e anote.

TABUADA DO 8

1. Observe a tabuada do **8**.

8×

8 × 1 = 8
8 × 2 = 16
8 × 3 = 24
8 × 4 = 32
8 × 5 = 40
8 × 6 = 48
8 × 7 = 56
8 × 8 = 64
8 × 9 = 72
8 × 10 = 80

DESAFIO

2. Amarildo está começando a construção de um muro como se vê na figura ao lado. Sabendo que este muro terá mais **9** fileiras sobre a base já construída, quantos blocos serão usados no total?

| 8 | × | | = | |

Cada resultado é 8 vezes o número multiplicado.

3. Realize a multiplicação proposta em cada linha.

8 × 1 =
8 × 2 =
8 × 3 =
8 × 4 =
8 × 5 =
8 × 6 =
8 × 7 =
8 × 8 =
8 × 9 =
8 × 10 =

4. Pinte nas cores indicadas conforme o resultado de cada sentença.

8 × 2   8 × 3   8 × 4   8 × 5   8 × 6   8 × 7   8 × 8   8 × 9

5. Pinte cada estaca da cerca na cor correspondente, conforme a aquarela formada pelas latas de tinta.

6. No total, quantas patas de aranha há na cena abaixo?

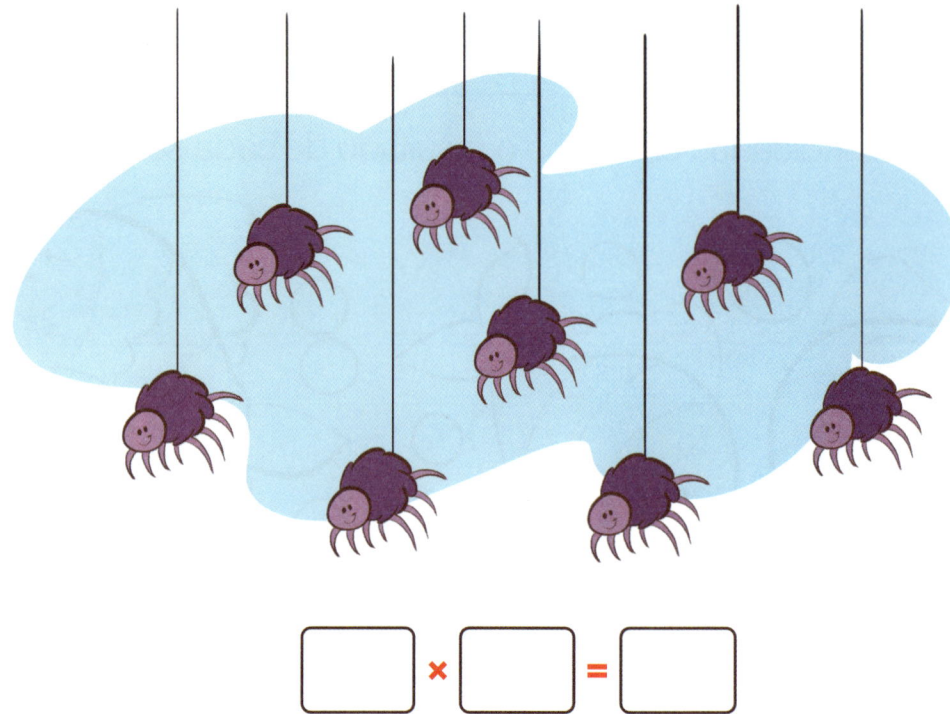

7. Se este feirante vender 8 melões, que valor ele receberá pela venda?

☐ × ☐ = ☐

8. Circule a multiplicação correspondente ao resultado que aparece no miolo da flor.

Flor 1 (48): 8 × 6, 8 × 7, 8 × 8, 8 × 9, 8 × 10

Flor 2 (24): 8 × 1, 8 × 2, 8 × 3, 8 × 4, 8 × 5

Flor 3 (64): 8 × 5, 8 × 6, 8 × 7, 8 × 8, 8 × 9

9. Ajude o sapo a atravessar o lago, pintando apenas as pedras que são o resultado da tabuada do 8.

Pedras: 49, 45, 81, 70, 64, 72, 8, 56, 90, 16, 80, 24, 18, 48, 32, 40, 27, 30

TABUADA DO 9

1. Observe a tabuada do 9.

9×

9 × 1 = 9
9 × 2 = 18
9 × 3 = 27
9 × 4 = 36
9 × 5 = 45
9 × 6 = 54
9 × 7 = 63
9 × 8 = 72
9 × 9 = 81
9 × 10 = 90

DESAFIO

2. Estas são as 9 casas da Vila Dona Iaiá. Sabendo que em cada casa moram 4 pessoas, quantos são, no total, os moradores da vila?

☐ × ☐ = ☐

3. Realize a multiplicação proposta em cada linha.

9 × 1 =
9 × 2 =
9 × 3 =
9 × 4 =
9 × 5 =
9 × 6 =
9 × 7 =
9 × 8 =
9 × 9 =
9 × 10 =

4. Se cada camisa masculina tem **9** botões, quantos botões são necessários para confeccionar **9** camisas?

☐ × ☐ = ☐

5. Se em um aquário cabem **9** peixes, quantos peixes caberão em **6** aquários?

6. Ajude cada formiguinha a entrar no formigueiro certo, ligando a multiplicação ao resultado correspondente.

9 × 5   9 × 7   9 × 3   9 × 6   9 × 8

63   27   45   72   54

7. Pinte as flores conforme as cores indicadas na legenda.

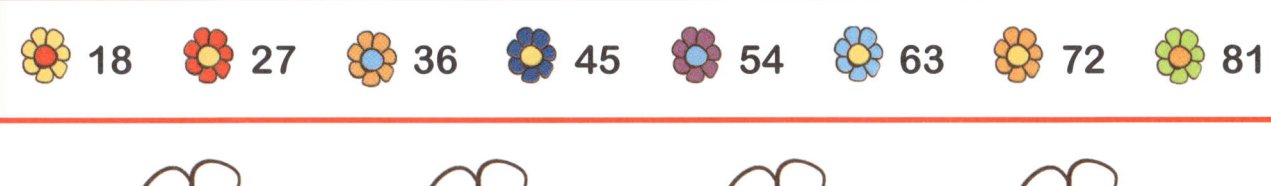

🌼 18   🌺 27   🌼 36   🌸 45   🌼 54   🌼 63   🌼 72   🌼 81

9 × 7 =   9 × 2 =   9 × 8 =   9 × 5 =

9 × 3 =   9 × 9 =   9 × 6 =   9 × 4 =

8. Ligue os pontos apenas dos resultados da tabuada do **9** e forme um instrumento musical.

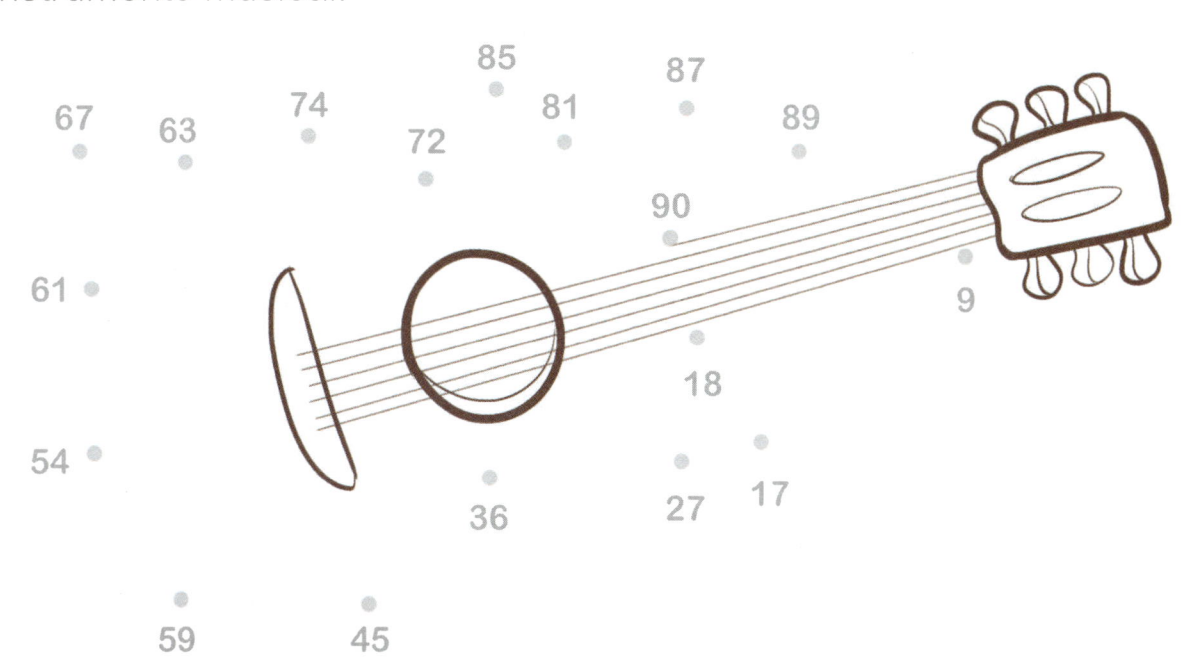

67 63 74 85 87 89
        72 81
            90
61
                    9
                18
54
            27 17
        36
    59 45

TABUADA DO 10

1. Observe a tabuada do **10**.

10 ×

10 × 1 = 10
10 × 2 = 20
10 × 3 = 30
10 × 4 = 40
10 × 5 = 50
10 × 6 = 60
10 × 7 = 70
10 × 8 = 80
10 × 9 = 90
10 × 10 = 100

DESAFIO

2. Elaine é mãe de bebês gêmeos. Cada bebê usa **5** fraldas por dia. No total, quantas fraldas são usadas pelos bebês no período de uma semana?

☐ × ☐ = ☐

3. Realize a multiplicação proposta em cada linha.

10 × 1 =
10 × 2 =
10 × 3 =
10 × 4 =
10 × 5 =
10 × 6 =
10 × 7 =
10 × 8 =
10 × 9 =
10 × 10 =

4. Resolva a sentença e anote a idade de cada pessoa abaixo.

10 × 5 =   10 × 2 =   10 × 1 =   10 × 4 =   10 × 3 =

5. Agrupe as estrelas de **dez** em **dez**, circulando-as.

★ ★ ★ ★ ★ ★ ★ ★ ★ ★ ★ ★ ★ ★
★ ★ ★ ★ ★ ★ ★ ★ ★ ★ ★ ★ ★ ★
★ ★ ★ ★ ★ ★ ★ ★ ★ ★ ★ ★ ★ ★
★ ★ ★ ★ ★ ★ ★ ★ ★ ★ ★ ★ ★ ★
★ ★ ★ ★ ★ ★ ★ ★ ★ ★ ★ ★ ★ ★

Ⓐ Quantos grupos foram formados? _____

Ⓑ Apresente a multiplicação que representa os grupos acima.

☐ × ☐ = ☐

6. Sabendo que em cada feixe há **10** palitos, apresente a multiplicação e o resultado, como no exemplo.

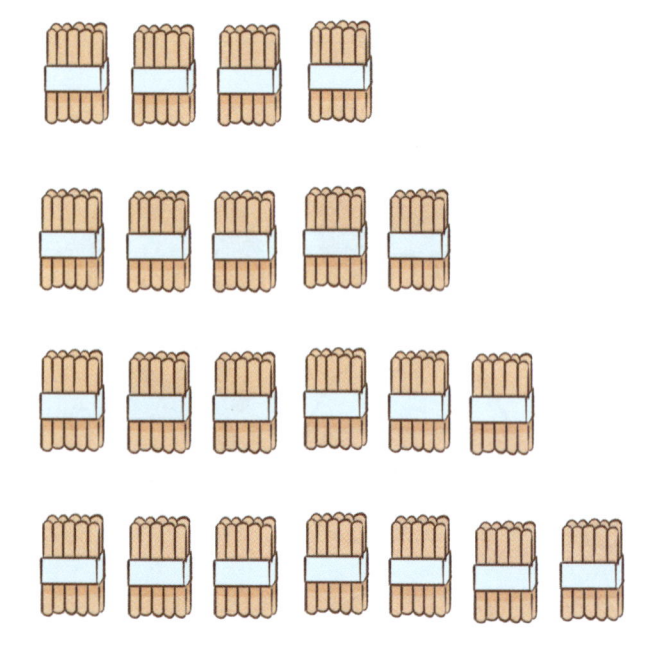

4 × 10 = 40

☐ × ☐ = ☐

☐ × ☐ = ☐

☐ × ☐ = ☐

7. Circule a criança para a qual não há a cadeira correspondente.

8. Pinte todos os números que são resultados das multiplicações da tabuada do **10**.

MÚLTIPLOS
NUMERAIS MULTIPLICATIVOS

1. Vamos calcular os múltiplos de **2**? Continue a anotar na segunda coluna o número correspondente.

🍌	**Dobro** × 2	4	🍌🍌
🍌	**Triplo** × 3		🍌🍌🍌
🍌	**Quádruplo** × 4		🍌🍌🍌🍌
🍌	**Quíntuplo** × 5		🍌🍌🍌🍌🍌
🍌	**Sêxtuplo** × 6		🍌🍌🍌🍌🍌🍌
🍌	**Sétuplo** × 7		🍌🍌🍌🍌🍌🍌🍌
🍌	**Óctuplo** × 8		🍌🍌🍌🍌🍌🍌🍌🍌
🍌	**Nônuplo** × 9		🍌🍌🍌🍌🍌🍌🍌🍌🍌
🍌	**Décuplo** × 10		🍌🍌🍌🍌🍌🍌🍌🍌🍌🍌

Chamamos de **numerais multiplicativos** o número de vezes que uma quantidade foi multiplicada.

DESAFIO

2. Em um jogo de basquete, Carlos fez **4** pontos, Pedro fez o **dobro** dessa quantia e José o **triplo** dos pontos de Pedro. Anote os pontos feitos por:

Pedro	José

3. Desenhe o **dobro** e o **triplo** das maçãs dadas.

	Dobro	**Triplo**
3 maçãs	_____ maçãs	_____ maçãs

4. Ligue a peça do quadro central ao seu dobro.

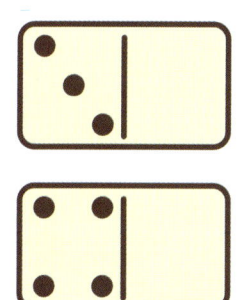

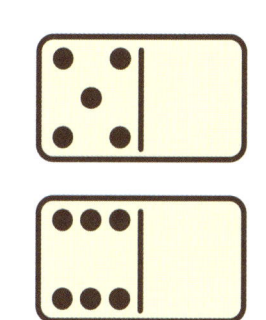

5. Veja os balões que Daniel e Sueli ganharam em uma festa. Depois, marque a afirmação verdadeira.

☐ Daniel tem o dobro dos balões de Sueli.

☐ Daniel tem o triplo dos balões de Sueli.

☐ Sueli tem o dobro dos balões de Daniel.

☐ Sueli tem o triplo dos balões de Daniel.

6. Sabendo que o preço do ursinho de pelúcia é o **quádruplo** do carrinho, anote na etiqueta o preço do ursinho.

9 reais

reais

7. Rute tinha 10 reais no cofrinho. Hoje, ela ganhou do avô o **triplo** dessa quantia. Quanto Rute ganhou do avô? Quantos reais ela tem agora?

8. Ana usou a calculadora para obter o **quíntuplo** de **3**. Veja as teclas que ela usou e anote no visor da última imagem o número que ela encontrou.

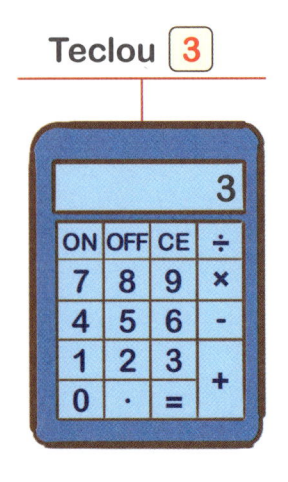

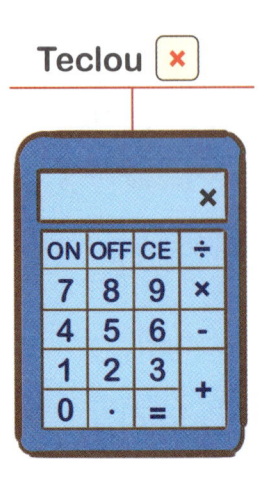

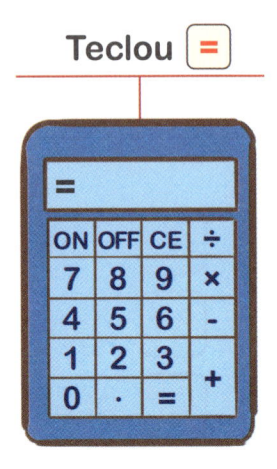

Teclou 3	Teclou ×	Teclou 5	Teclou =
3	×	5	=

9. Fátima tem 10 anos e a mãe dela o **triplo**. Qual a idade da mãe da Fátima?

10. Siga as setas e preencha os círculos com o **dobro** do número anterior.

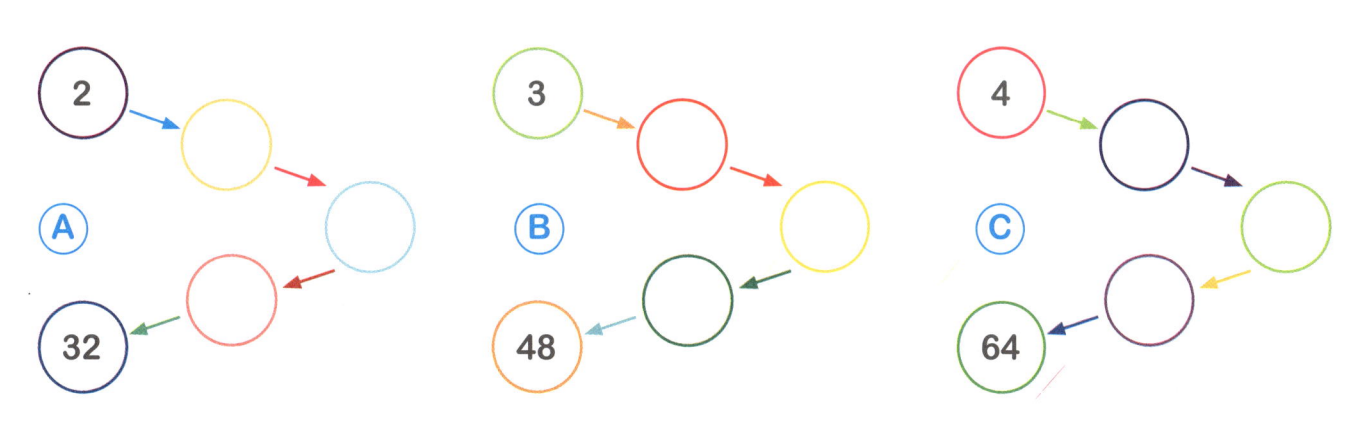

A) 2 → ○ → ○ → ○ → 32

B) 3 → ○ → ○ → ○ → 48

C) 4 → ○ → ○ → ○ → 64

11. Use a tabuada do **5**, **6** e **7** e apresente o **quíntuplo**, o **sêxtuplo** e o **sétuplo** de cada número dado.

×	1	2	3	4	5	6	7	8	9	10
Quíntuplo	5	10								
Sêxtuplo	6	12								
Sétuplo	7	14								

ADIÇÃO × MULTIPLICAÇÃO

1. Faça como no exemplo, apresentando as operações que representam cada figura dada.

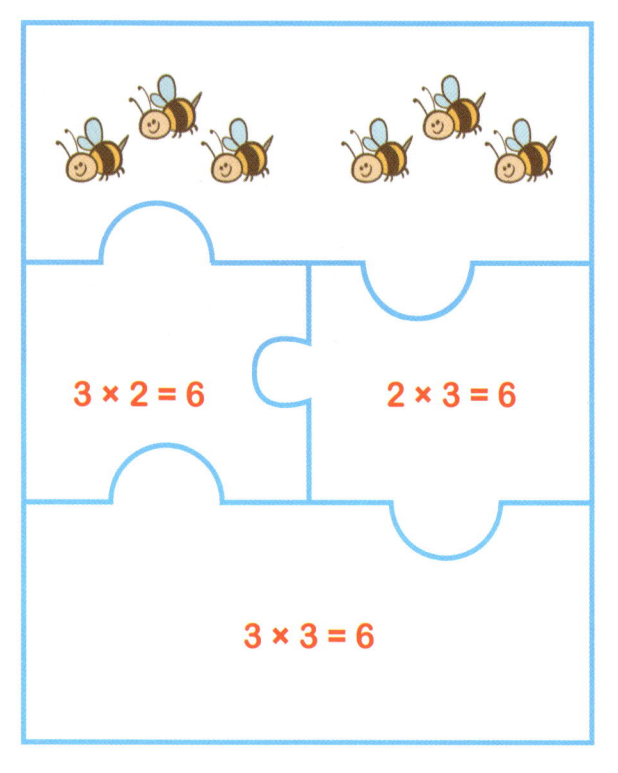

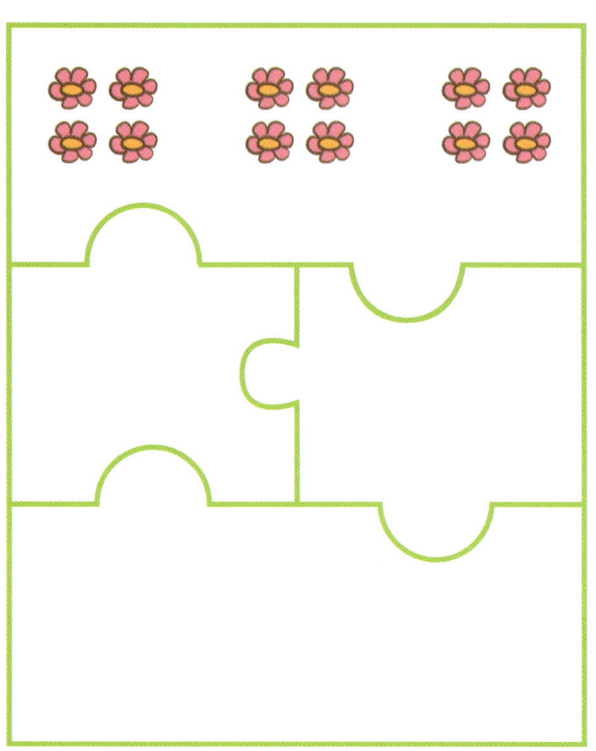

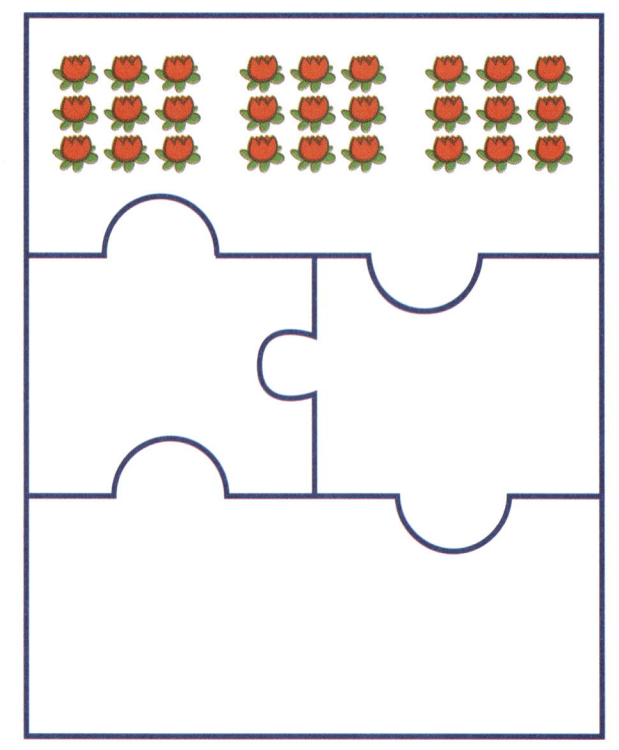

3 × 2 = 6   2 × 3 = 6

3 × 3 = 6

2. Apresente a adição e a multiplicação que representam a quantidade total de fósforos abaixo.

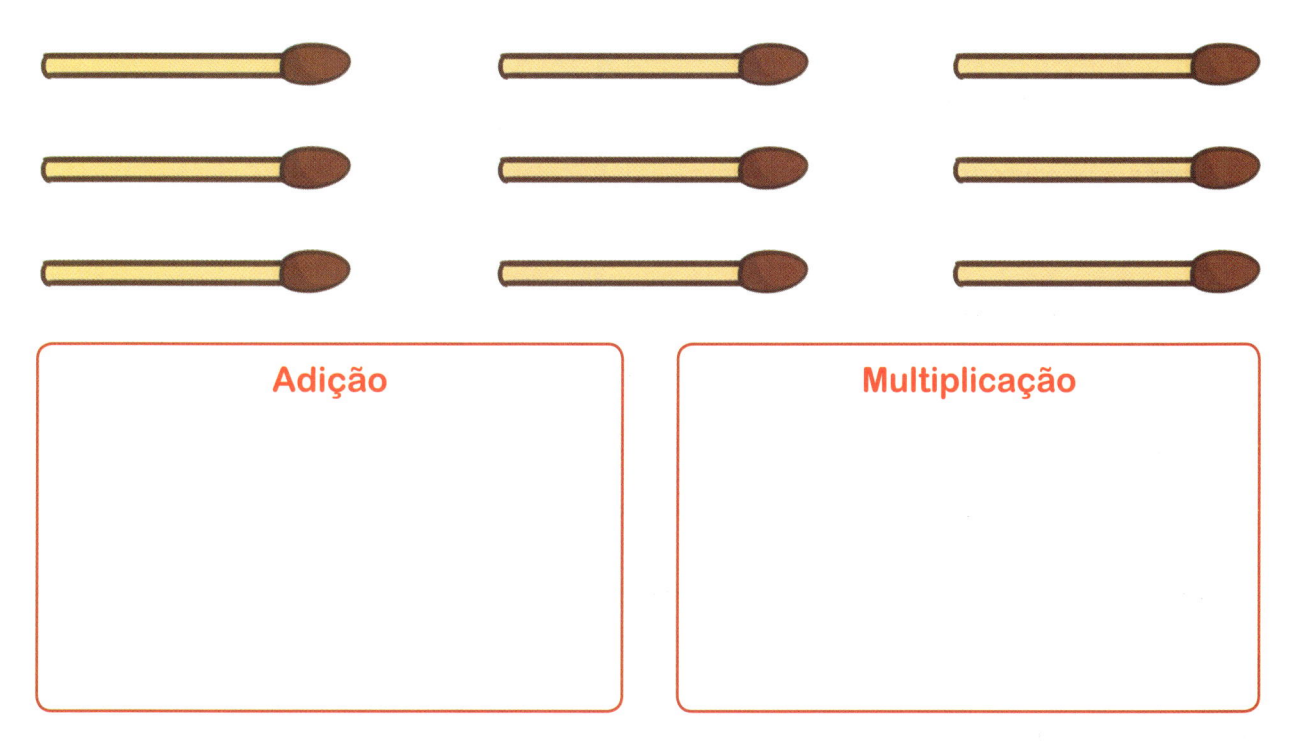

Adição	Multiplicação

3. Apresente a adição e a multiplicação que representam a quantidade total de peixes abaixo.

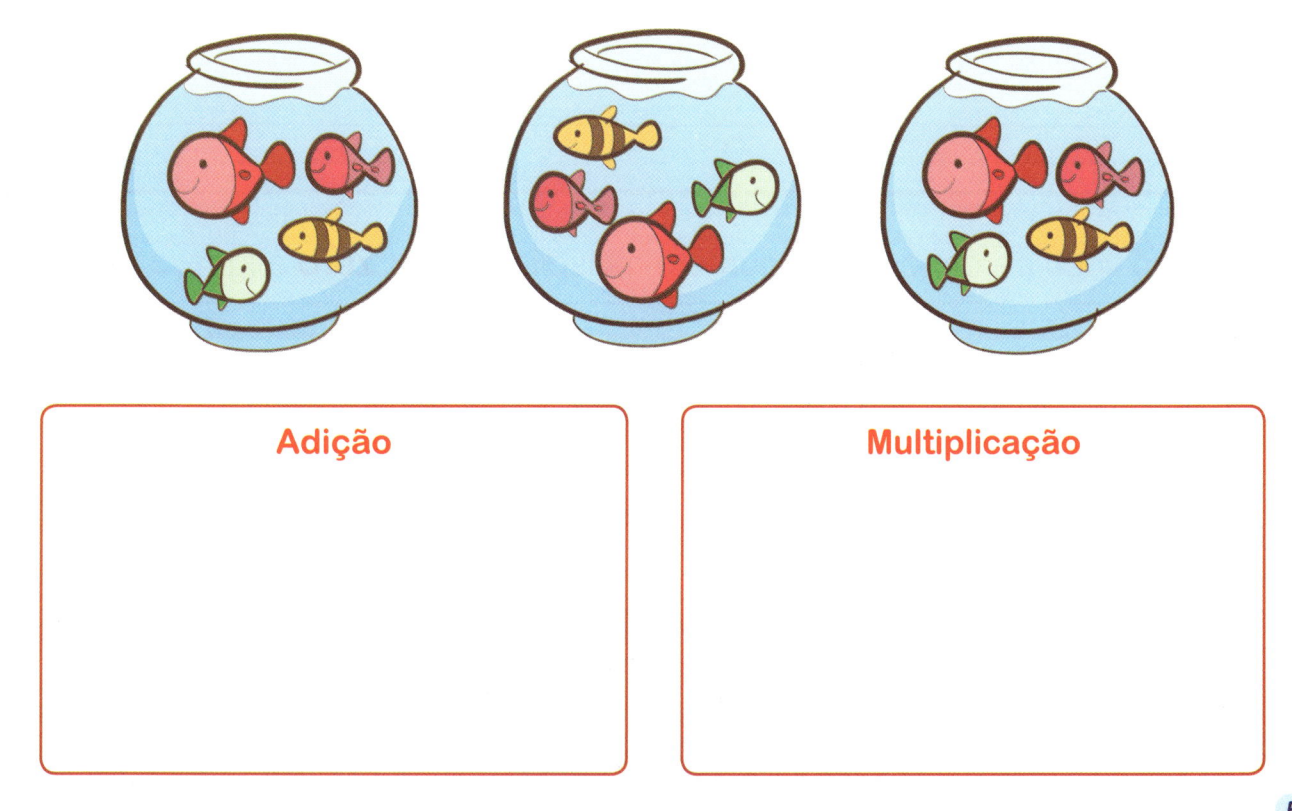

Adição	Multiplicação

MULTIPLICANDO POR 0

1. Dê o resultado das multiplicações e apresente as adições como nos exemplos.

0 × 1 = 0	0
0 × 2 = 0	0 + 0 = 0
0 × 3 =	
0 × 4 =	
0 × 5 =	
0 × 6 =	
0 × 7 =	
0 × 8 =	
0 × 9 =	
0 × 10 =	

2. Qual o resultado de todas as operações da atividade 1 acima?

_____

_____

Como você percebeu, todo número multiplicado por **zero** é igual a **zero**.

Qualquer número multiplicado por zero resulta no próprio número zero.

APLICANDO CONHECIMENTOS

1. Resolva as operações e circule as multiplicações cujo resultado seja **16**.

$5 \times 4 =$ $2 \times 8 =$

$4 \times 4 =$ $4 \times 9 =$

$3 \times 5 =$ $8 \times 2 =$

2. Complete todas as multiplicações de modo que elas representem a quantidade de caixas de leite abaixo.

$1 \times$ _____ = _____

$2 \times$ _____ = _____

$5 \times$ _____ = _____

$10 \times$ _____ = _____

3. Em uma lanchonete há **9** mesas, cada uma com **4** cadeiras. Quantas cadeiras há no total?

APLICANDO CONHECIMENTOS

4. Complete cada uma das roletas da multplicação, usando as tabuadas aprendidas.

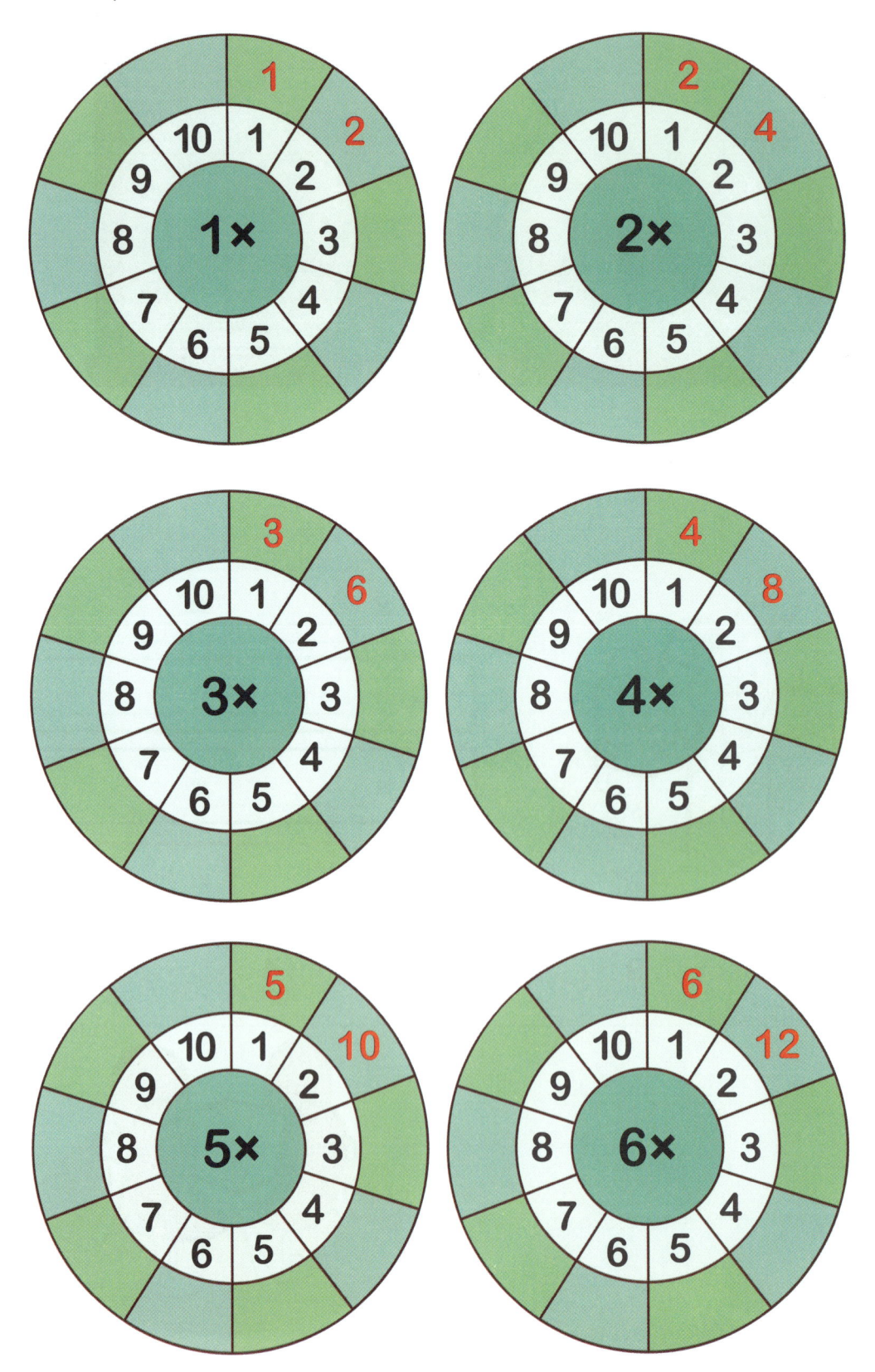

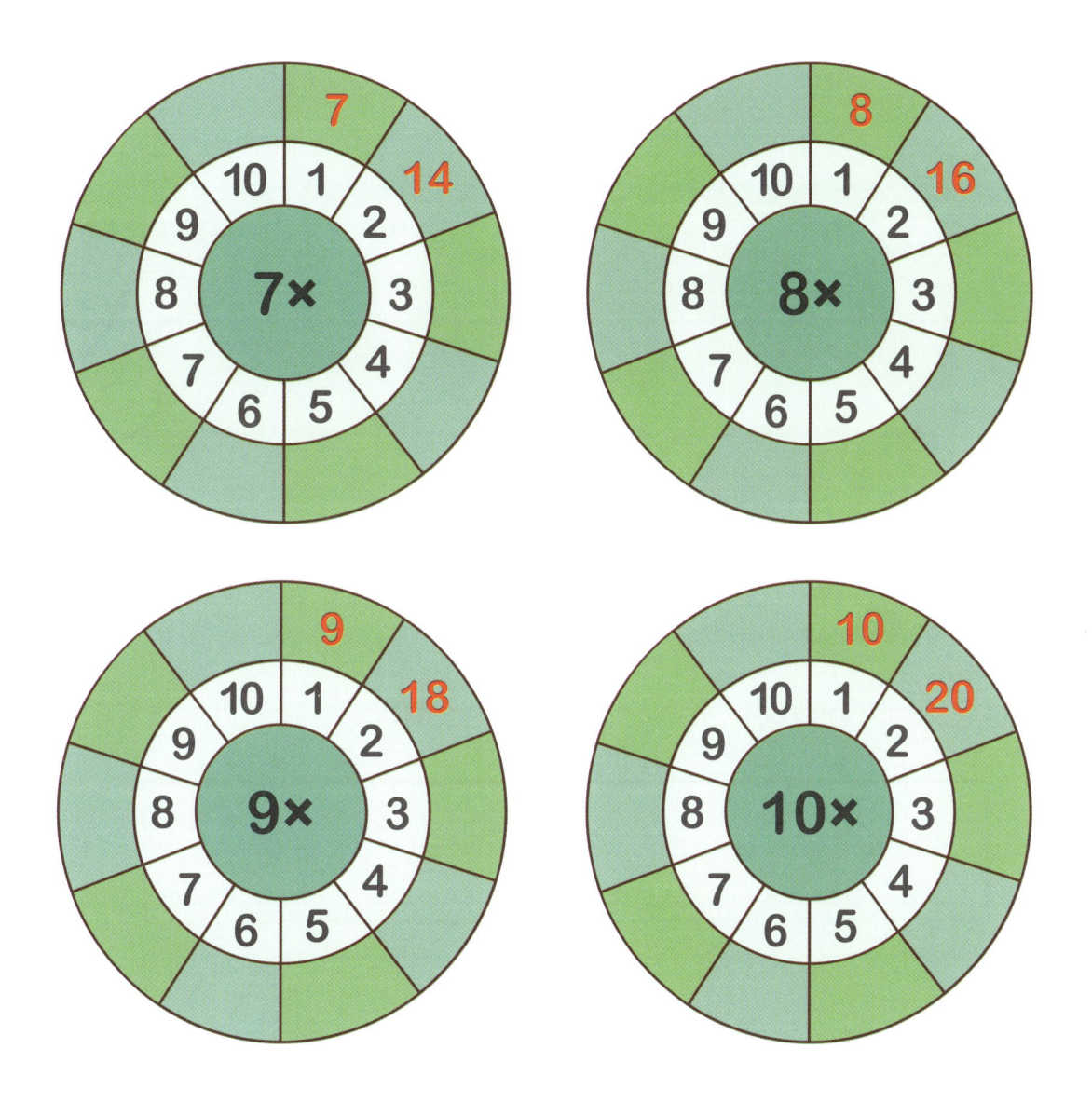

5. Todas essas multiplicações têm o mesmo resultado. Qual é esse resultado?

3 × 4 =

3 × 4 =

6 × 2 =

6 × 2 =

Resposta

APLICANDO CONHECIMENTOS

6. Ajude o patinho a encontrar o caminho certo, pintando a trilha formada pelos números resultantes da tabuada do **7**.

7	16	49	56	20
14	35	42	63	70
21	28	7	36	81

7. Anote as sentenças das tabuadas do **1** ao **10** cujo resultado é **6**.

☐ × ☐ = 6   ☐ × ☐ = 6

☐ × ☐ = 6   ☐ × ☐ = 6

8. Desenhe mais patinhos para que dona pata fique com o **dobro** de filhotes do que aparece na cena.

9. Observe a figura abaixo e responda ao que se pede.

A Qual adição corresponde à figura?

B Qual multiplicação corresponde à figura?

10. Ontem, uma atleta correu 4 quilômetros. Hoje, ela correu o **dobro** de ontem e, amanhã, correrá o **triplo** de hoje.

A Quantos quilômetros ela correu hoje?

B Quantos quilômetros ela correrá amanhã?

APLICANDO CONHECIMENTOS

11. Complete as tabuadas do **1** ao **10**.

1×1= **1** | 1×2= **2** | 1×3= **3** | 1×4= | 1×5= | 1×6= | 1×7= | 1×8= | 1×9= | 1×10=

2×1= **2** | 2×2= **4** | 2×3= **6** | 2×4= | 2×5= | 2×6= | 2×7= | 2×8= | 2×9= | 2×10=

3×1= **3** | 3×2= **6** | 3×3= **9** | 3×4= | 3×5= | 3×6= | 3×7= | 3×8= | 3×9= | 3×10=

4×1= **4** | 4×2= **8** | 4×3= **12** | 4×4= | 4×5= | 4×6= | 4×7= | 4×8= | 4×9= | 4×10=

5×1= **5** | 5×2= **10** | 5×3= **15** | 5×4= | 5×5= | 5×6= | 5×7= | 5×8= | 5×9= | 5×10=

6×1=	6×2=	6×3=	6×4=	6×5=	6×6=	6×7=	6×8=	6×9=	6×10=
6	12	18							

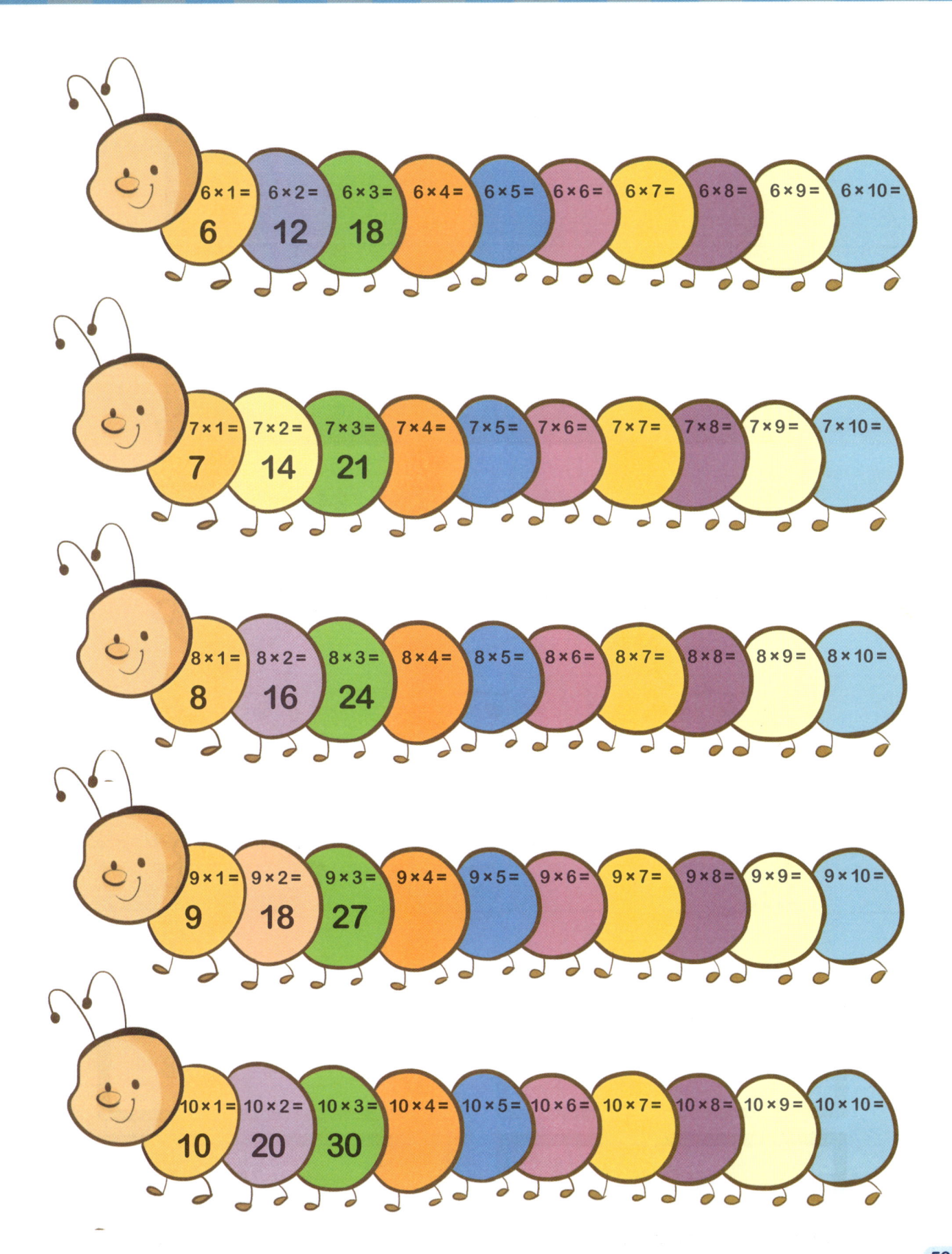

7×1=	7×2=	7×3=	7×4=	7×5=	7×6=	7×7=	7×8=	7×9=	7×10=
7	14	21							

8×1=	8×2=	8×3=	8×4=	8×5=	8×6=	8×7=	8×8=	8×9=	8×10=
8	16	24							

9×1=	9×2=	9×3=	9×4=	9×5=	9×6=	9×7=	9×8=	9×9=	9×10=
9	18	27							

10×1=	10×2=	10×3=	10×4=	10×5=	10×6=	10×7=	10×8=	10×9=	10×10=
10	20	30							

APLICANDO CONHECIMENTOS

12. Resolva as operações e circule as multiplicações cujo resultado seja **36**.

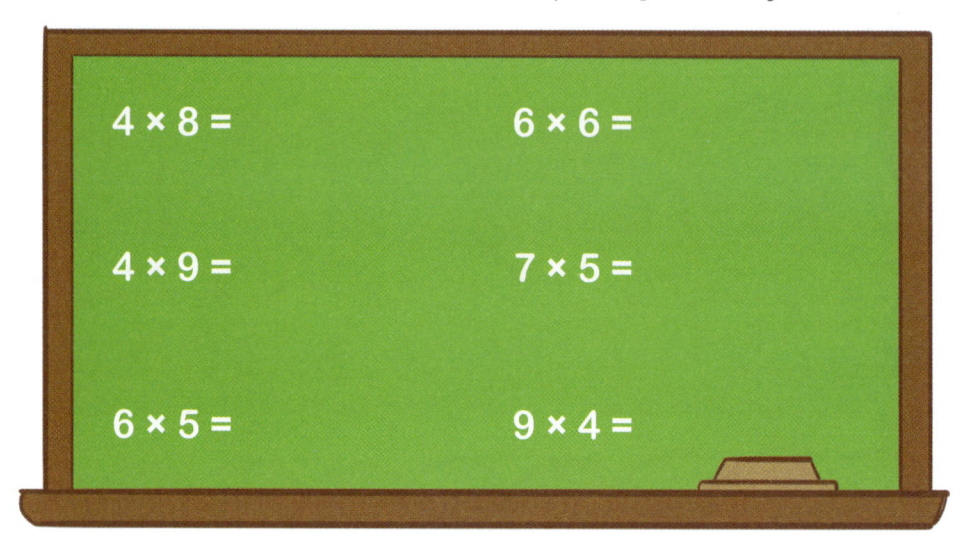

4 × 8 =   6 × 6 =

4 × 9 =   7 × 5 =

6 × 5 =   9 × 4 =

13. Circule as multiplicações cujo resultado seja **24**.

3 × 7 =   4 × 6 =   7 × 3 =

3 × 8 =   5 × 5 =   8 × 3 =

4 × 7 =   6 × 4 =   9 × 3 =

14. Anote o número que falta em cada multiplicação.

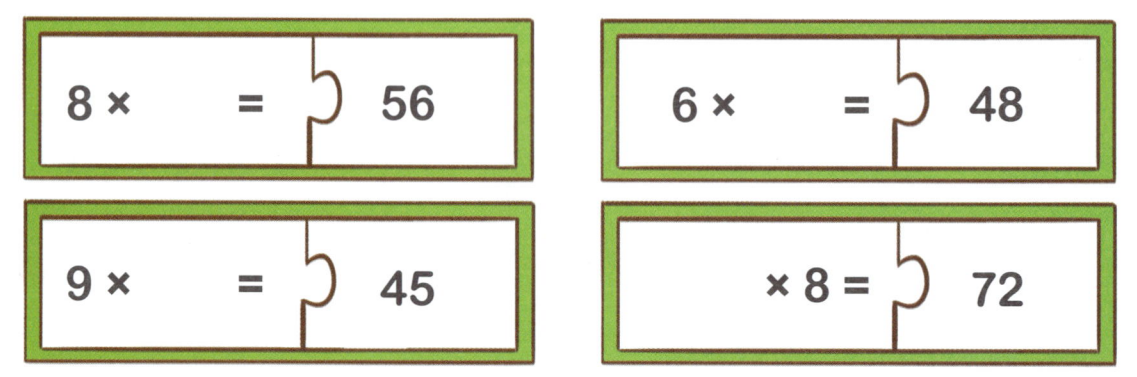

8 ×   = 56   6 ×   = 48

9 ×   = 45   × 8 = 72

15. Preencha este quadro de tabuadas, multiplicando o número da linha vertical pelo número da linha horizontal e anotando o resultado.

×	1	2	3	4	5	6	7	8	9	10
1										
2										
3										
4										
5										
6										
7										
8										
9										
10										

Para descobrir o resultado da multiplicação de dois números no quadro acima, devemos associar o número da linha horizontal com o número da linha vertical. Por exemplo, para ver o resultado de **5 x 9**, basta acompanhar a linha horizontal do número **5** na lateral esquerda do quadro até encontrar o número **9** na linha superior, onde as linhas se encontram; nesse cruzamento, estará o resultado.

TABUADAS PARA CONSULTA

1
1 × 0 = 0
1 × 1 = 1
1 × 2 = 2
1 × 3 = 3
1 × 4 = 4
1 × 5 = 5
1 × 6 = 6
1 × 7 = 7
1 × 8 = 8
1 × 9 = 9
1 × 10 = 10

2
2 × 0 = 0
2 × 1 = 2
2 × 2 = 4
2 × 3 = 6
2 × 4 = 8
2 × 5 = 10
2 × 6 = 12
2 × 7 = 14
2 × 8 = 16
2 × 9 = 18
2 × 10 = 20

3
3 × 0 = 0
3 × 1 = 3
3 × 2 = 6
3 × 3 = 9
3 × 4 = 12
3 × 5 = 15
3 × 6 = 18
3 × 7 = 21
3 × 8 = 24
3 × 9 = 27
3 × 10 = 30

4
4 × 0 = 0
4 × 1 = 4
4 × 2 = 8
4 × 3 = 12
4 × 4 = 16
4 × 5 = 20
4 × 6 = 24
4 × 7 = 28
4 × 8 = 32
4 × 9 = 36
4 × 10 = 40

5
5 × 0 = 0
5 × 1 = 5
5 × 2 = 10
5 × 3 = 15
5 × 4 = 20
5 × 5 = 25
5 × 6 = 30
5 × 7 = 35
5 × 8 = 40
5 × 9 = 45
5 × 10 = 50

6
6 × 0 = 0
6 × 1 = 6
6 × 2 = 12
6 × 3 = 18
6 × 4 = 24
6 × 5 = 30
6 × 6 = 36
6 × 7 = 42
6 × 8 = 48
6 × 9 = 56
6 × 10 = 60

7
7 × 0 = 0
7 × 1 = 7
7 × 2 = 14
7 × 3 = 21
7 × 4 = 28
7 × 5 = 35
7 × 6 = 42
7 × 7 = 49
7 × 8 = 56
7 × 9 = 63
7 × 10 = 70

8
8 × 0 = 0
8 × 1 = 8
8 × 2 = 16
8 × 3 = 24
8 × 4 = 32
8 × 5 = 40
8 × 6 = 48
8 × 7 = 56
8 × 8 = 64
8 × 9 = 72
8 × 10 = 80

9
9 × 0 = 0
9 × 1 = 9
9 × 2 = 18
9 × 3 = 27
9 × 4 = 36
9 × 5 = 45
9 × 6 = 54
9 × 7 = 63
9 × 8 = 72
9 × 9 = 81
9 × 10 = 90

10
10 × 0 = 0
10 × 1 = 10
10 × 2 = 20
10 × 3 = 30
10 × 4 = 40
10 × 5 = 50
10 × 6 = 60
10 × 7 = 70
10 × 8 = 80
10 × 9 = 90
10 × 10 = 100

RESPOSTAS DAS ATIVIDADES

Páginas 6 a 9 — **2.** 10 pontos; **3.** e **4.** 1, 2, 3, 4, 5, 6, 7, 8, 9, 10; **5.** respectivamente: 3, 7, 4, 8, 6, 9; **6.** 7 litros; **7.** 5 bananas; **8.** 1 × 6

Páginas 10 a 13 — **2.** 2 × 7 = 14 patas; **3.**, **5.** e **7.** 2, 4, 6, 8, 10, 12, 14, 16, 18, 20; **4.** 2 × 3 = 6, 2 × 4 = 8, 2 × 5 = 10; **6.** 2 × 8 = 16; **8.** a) 8 pares; b) 2 × 8 = 16

Páginas 14 a 17 — **2.** 3 × 9 = 27; **3.** e **8.** 3, 6, 9, 12, 15, 18, 21, 24, 27, 30; **4.** 3 × 4 = 12; **5.** 3 × 2 = 6, 3 × 5 = 15, 3 × 3 = 9, 3 × 10 = 30, 3 × 7 = 21; **6.** 3 × 4 = 12, 3 × 6 = 18; 3 × 8 = 24; **7.** 21 maçãs; **9.** 3 × 8 = 24, 3 × 6 = 18, 3 × 9 = 27, 3 × 4 = 12

Páginas 18 a 21 — **2.** 32 pneus; **3.**, **7.** e **8.** 4, 8, 12, 16, 20, 24, 28, 32, 36, 40; **4.** 4 × 7 = 28, 4 × 4 = 16, 4 × 6 = 24, 4 × 9 = 36; **5.** a) 3; b) 4; c) 4 × 3 = 12; **6.** 4 × 4 = 16

Páginas 22 a 25 — **2.** 20; **3.**, **5.** e **8.** 5, 10, 15, 20, 25, 30, 35, 40, 45, 50; **4.** 20 viagens; **6.** 5 árvores, 5 maçãs, 25, 5 × 5 = 25 maçãs; **7.** 5 × 7 = 35, 5 × 3 = 15, 5 × 10 = 50, 5 × 9 = 45, 5 × 8 = 40; **9.** 9h15, 2h20, 11h30, 3h45

Páginas 26 a 29 — **2.** 60; **3.**, **6.** e **9.** 6, 12, 18, 24, 30, 36, 42, 48, 54, 60; **4.** 6 × 6 = 36, 6 × 9 = 45, 6 × 4 = 24, 6 × 10 = 60, 6 × 8 = 48; **5.** 30; **6.** 6 × 1 = 6, 6 × 2 = 12, 6 × 9 = 45, 6 × 10 = 60; **7.** 6 × 9 = 54, **8.** 42 ovos; **10.** 36 anos

Páginas 30 a 33 — **2.** 14; **3.**, **4.**, **5.** e **9.** 7, 14, 21, 28, 35, 42, 49, 56, 63, 70; **6.** 7 × 2 = 14, 7 × 3 = 21, 7 × 8 = 56, 7 × 4 = 28, 7 × 5 = 35, 7 × 9 = 63; **7.** 7 × 1 = 7, 7 × 3 = 21, 7 × 6 = 42, 7 × 4 = 28, 7 × 10 = 70, 7 × 9 = 63, **8.** 7 × 5 = 35

Páginas 34 a 37 — **2.** 72; **3.**, **4.**, **5.** e **9.** 8, 16, 24, 32, 40, 48, 56, 64, 72, 80; **6.** 64; **7.** 40 reais; **8.** 8 × 6 = 48, 8 × 3 = 24, 8 × 8 = 64

Páginas 38 a 41 — **2.** 36; **3** e **8.** 9, 18, 27, 36, 45, 54, 63, 72, 81, 90; **4.** 81; **5.** 54; **6.** 9 × 5 = 45, 9 × 7 = 63, 9 × 3 = 27, 9 × 6 = 54, 9 × 8 = 72; **7.** 9 × 7 = 63, 9 × 2 = 18, 9 × 8 = 72, 9 × 5 = 45, 9 × 3 = 27, 9 × 9 = 81, 9 × 6 = 54, 9 × 4 = 36

Páginas 42 a 45 — **2.** 70; **3.** e **8.** 10, 20, 30, 40, 50, 60, 70, 80, 90, 100; **4.** respectivamente: 50, 20, 10, 40, 30; **5.** a) 6; b) 6 × 10 = 60; **6.** 40, 50, 60, 70; **7.** falta a cadeira 60 para a criança com plaquinha 10 × 6

Páginas 46 a 49 — **1. triplo:** 6, **quádruplo:** 8, **quíntuplo:** 10, **sêxtuplo:** 12, **sétuplo:** 14, **óctuplo:** 16, **nônuplo:** 18, **décuplo:** 20; **2.** Pedro fez 8 pontos e José 24 pontos; **3. dobro:** 6,

triplo: 9; **4.** quadra e branco; **5.** Sueli tem o **triplo** de balões de Daniel; **6.** 36 reais; **7.** Rute ganhou 30 reais e tem, agora, 40 reais; **8.** 15; **9.** 30 anos; **10.** 42 ovos; **10.** respectivamente: 2, 4, 8, 16, 32; 3, 6, 12, 24, 48 e 4, 8, 16, 32, 64; **11.** as respostas são os resultados das tabuadas do 5, 6 e 7

Páginas 50 e 51 — **1.** 4 × 3 = 12, 3 × 4 = 12, 4 + 4 + 4 = 12; 3 × 5 = 15, 5 × 3 = 15, 3 + 3 + 3 + 3 + 3 = 15; 9 × 3 = 27; 3 × 9 = 27, 9 + 9 + 9 = 27; **2.** 3 + 3 + 3 = 9 e 3 × 3 = 9; **3.** 4 + 4 + 4 = 12 e 4 × 3 = 12

Página 52 — **1.** e **2.** todas as operações resultam em zero, pois todo número multiplicado por zero é igual a zero, ou seja, tem zero como produto (resultado)

Páginas 53 a 61 — **1.** 4 × 4, 2 × 8 e 8 × 2; **2.** 1 × 10, 2 × 5, 5 × 2, 10 × 1; **3.** 36 cadeiras; **4. tabuada do 1:** 1, 2, 3, 4, 5, 6, 7, 8, 9, 10; **tabuada do 2:** 2, 4, 6, 8, 10, 12, 14, 16, 18, 20; **tabuada do 3:** 3, 6, 9, 12, 15, 18, 21, 24, 27, 30; **tabuada do 4:** 4, 8, 12, 16, 20, 24, 28, 32, 36, 40; **tabuada do 5:** 5, 10, 15, 20, 25, 30, 35, 40, 45, 50; **tabuada do 6:** 6, 12, 18, 24, 30, 36, 42, 48, 54, 60; **tabuada do 7:** 7, 14, 21, 28, 35, 42, 49, 56, 63, 70; **tabuada do 8:** 8, 16, 24, 32, 40, 48, 56, 64, 72, 80; **tabuada do 9:** 9, 18, 27, 36, 45, 54, 63, 72, 81, 90; **tabuada do 10:** 10, 20, 30, 40, 50, 60, 70, 80, 90, 100; **5.** 12; **6.** 7, 14, 21, 28, 35, 42, 49, 56, 63, 70; **7.** 2 × 3, 3 × 2, 1 × 6, 6 × 1; **8.** desenhar mais 3 patinhos; **9.** a) 6 + 6 + 6 + 6 = 24; b) 6 × 4 ou 4 × 6 = 24; **10.** a) 8 km; b) 24 km; **10.** respectivamente: 2, 4, 8, 16, 32; 3, 6, 12, 24, 48 e 4, 8, 16, 32, 64; **11.** as respostas são os resultados das tabuadas do 1 ao 10; **12.** 4 × 9, 6 × 6, 9 × 4; **13.** 4 × 6, 6 × 4, 3 × 8, 8 × 3; **14.** 8 × 7 = 56, 6 × 8 = 48, 9 × 5 = 45, 9 × 8 = 72; **15.**

X	1	2	3	4	5	6	7	8	9	10
1	1	2	3	4	5	6	7	8	9	10
2	2	4	6	8	10	12	14	16	18	20
3	3	6	9	12	15	18	21	24	27	30
4	4	8	12	16	20	24	28	32	36	40
5	5	10	15	20	25	30	35	40	45	50
6	6	12	18	24	30	36	42	48	54	60
7	7	14	21	28	35	42	49	56	63	70
8	8	16	24	32	40	48	56	64	72	80
9	9	18	27	36	45	54	63	72	81	90
10	10	20	30	40	50	60	70	80	90	100